POLLITO PEQUEÑITO
Cuenta hasta diez

por MARGARET FRISKEY

ilustraciones por KATHERINE EVANS

Traductora: Lada Kratky
Consultante: Alma Flor Ada

 CHILDRENS PRESS ™

CHICAGO

Pollito Pequeñito salió a ver el mundo.

Caminó y caminó hasta que se cansó.

Tenía sed.
Pero no sabía cómo tomar agua.

Se encontró con una vaca.

"¿Qué haces para tomar agua?"
le preguntó Pollito Pequeñito.

"Me meto hasta las rodillas en el río
y bebo," dijo la vaca.

uno

1

Pollito Pequeñito se metió hasta las rodillas en el río.

"¡Este lugar no es para mí!" dijo Pollito Pequeñito.

Pollito Pequeñito se encontró con
dos elefantes.
Los elefantes tomaban agua con la
trompa.

dos
2

Pollito Pequeñito trató de tomar agua con la nariz. No podía respirar.

Pollito Pequeñito se encontró con tres camellos.

"¿Qué hacen para tomar agua?" les preguntó
Pollito Pequeñito.

"Bebemos mucho, pero no a menudo," dijeron
los camellos.

tres

3

Los camellos se marcharon.

Pollito Pequeñito se encontró con cuatro
potrillos.

"¿Qué hacen para tomar agua?" les preguntó
Pollito Pequeñito.

"Sorbemos el agua con nuestros belfos,"
dijeron los potrillos.

cuatro

4

Pollito Pequeñito trató de sorber agua
como los potrillos. No podía beber.

 Pollito Pequeñito se encontró con cinco cerditos.

Habían metido la cabeza hasta las orejas en el comedero.

cinco
5

Pollito Pequeñito metió la cabeza
hasta las orejas en un comedero.
No podía beber.

Pollito Pequeñito se encontró con seis sapos.

"¿Qué hacen para tomar agua?" les preguntó Pollito Pequeñito.

"Absorbemos el agua por la piel," dijeron los sapos.

seis
6

Pollito Pequeñito trató de absorber agua por
la piel.

"Tiene que haber algún modo mejor,"
dijo Pollito Pequeñito.

Pollito Pequeñito se encontró con
siete monos.
Los monos levantaban sus tacitas
y bebían.

siete
7

Pollito Pequeñito no podía levantar una tacita.

Pollito Pequeñito se encontró con ocho gatitos.
"¿Qué hacen para tomar agua?" les preguntó
Pollito Pequeñito. Los gatitos no contestaron.
Estaban jugando con una bola de hilo.

ocho
8

Pollito Pequeñito se enredó en el hilo.

Pollito Pequeñito se encontró con
nueve perritos.
Los perritos se peleaban
por un zapato viejo.

nueve
9

Pollito Pequeñito siguió caminando.
"Debo acordarme de cómo toman agua
los pollitos," se dijo.

Pollito Pequeñito se encontró con diez zorros.

"¿Qué hacen para tomar agua?" les preguntó
Pollito Pequeñito.

"¿Para qué tomar agua cuando podemos
comer pollo en la cena?"
preguntaron los zorros.

diez

10

Pollito Pequeñito se fue corriendo hasta llegar a su casa.

Había un balde de agua debajo de la bomba.
  "Voy a tratar de tomar agua una vez más,"
dijo Pollito Pequeñito.

Una gota de agua le cayó en la cabeza.
Pollito Pequeñito echó la cabeza hacia
atrás y dijo, "¡Eh!"

Otra gota se le deslizó por la garganta.

"¡Pero, por supuesto!" dijo Pollito Pequeñito.
"Debo echar la cabeza hacia atrás y dejar que
el agua corra cuesta abajo. Así es cómo
toman agua los pollitos."